Worldwide Acclaim for Kakuro

Also Available

Sudoku Easy Presented by Will Shortz, Volume 1

Sudoku Easy to Hard Presented by Will Shortz, Volume 2

Sudoku Easy to Hard Presented by Will Shortz, Volume 3

The Ultimate Sudoku Challenge Presented by Will Shortz

Sudoku for Your Coffee Break Presented by Will Shortz

Sudoku to Boost Your Brainpower Presented by Will Shortz

Will Shortz's Favorite Sudoku Variations

For Sudoku Lovers: 300 Puzzles in Just One Book!

The Giant Book of Sudoku Presented by Will Shortz

Try These Convenient, Portable Volumes

Pocket Sudoku Presented by Will Shortz, Volume 1

Pocket Sudoku Presented by Will Shortz, Volume 2

Pocket Sudoku Presented by Will Shortz, Volume 3

Pocket Sudoku Presented by Will Shortz, Volume 4

Kakuro

PRESENTED BY WILL SHORTZ
100 ADDICTIVE LOGIC PUZZLES

EDITED BY

WILL SHORTZ

PUZZLES BY

PZZL.COM

ST. MARTIN'S GRIFFIN
NEW YORK

www.stmartins.com

ISBN 0-312-36042-8
EAN 978-0-312-36042-9

10 9 8 7 6 5 4 3 2

Introduction

They say everything old is new again. This is certainly true of kakuro, the new international puzzle sensation.

Despite the trendy Japanese name, kakuro, like sudoku before it, is not originally Japanese—and not particularly new. More on its surprising history in a moment.

The Idea of Kakuro

The object of kakuro is quite simple:

You're given a crossword-like grid with clue numbers in the shaded squares. The object is to complete the grid by putting a single digit from 1 to 9 in each white square. A clue number represents the sum of the digits to be placed in the squares to the right of it (for an Across answer) or beneath it (for a Down answer). No digit is repeated within an answer. In many of the puzzles, starting answers and/or digits have been filled in for you.

Like sudoku, kakuro is a grid puzzle using numbers. Unlike sudoku, solving requires actually adding and subtracting (nothing more complicated than that). But again, like sudoku, kakuro is a logic puzzle in which the object is to narrow down the possibilities for each square until you find the one that is correct.

In Japan, where kakuro has been popular for twenty years, it is called "the king of pencil puzzles"—no mean label in a country with dozens of wildly popular varieties of logic puzzles.

And in Britain, where kakuro was introduced in 2005 to rave reviews—and is now featured in several bestselling books—it has been proclaimed "even more addictive than sudoku!"

The History of Kakuro: Around the Globe and Back

Kakuro is one of the oldest grid logic puzzles in existence. We've traced it back to the April/May 1950 issue of *Official Crossword Puzzles,* published by Dell Publishing Company, where it was called "Cross Sums." It was the brainchild of a Canadian building constructor, Jacob E. Funk. Published intermittently at first, Cross Sums grew in popularity, and by the mid-1960s was appearing in every issue of every Dell puzzle magazine.

Originally, Cross Sums was presented like a crossword, with its numerical clues at the side. For example, 1-Across, "Twelve," 4-Across, "Fifteen," et cetera.

In 1966, someone—we'll probably never know who—had the brainstorm of putting the clues inside the grid, making the puzzle more compact and convenient to do. This is how the puzzle has appeared ever since.

Cross Sums went international in the 1980s, when a Japanese puzzle editor took the puzzle home from the United States and introduced it in his magazines under the name "Kasan kuroso." This is Japanese for "addition" plus the Japanese pronunciation of "cross." Eventually, the name was shortened to "kakkuro." Again, spiraling popularity.

In 2005, *The Guardian* and *Daily Mail* newspapers in Britain introduced "kakuro" (as they called it) as a daily feature, and from there the puzzle craze has quickly spread around the globe.

Trying Is Believing

If you've never tried a kakuro puzzle before, you may find it daunting at first. In fact, it may look impossible. But perseverance will pay off. It's a richly rewarding puzzle that will stretch your brain in ways different from sudoku or any other puzzle you've ever done.

The 100 kakuro puzzles in this book start very easy and get more difficult as they proceed. The initial puzzles contain starting answers and digits, while the puzzles at the end have no starting hints at all.

For solving tips and strategies, see the following pages.

Good luck!

—Will Shortz

How to Solve Kakuro

Kakuro is a crossword puzzle with numbers. The only skills needed to solve it are addition, subtraction (no other math), and a good sense of logic.

Take the example grid below. The object is to complete it by putting a single digit from 1 to 9 in each white square. A clue number, shown in a shaded square, represents the sum of the digits to be placed in the white squares to the right of it (for an Across answer) or beneath it (for a Down answer). No digit is repeated within an answer.

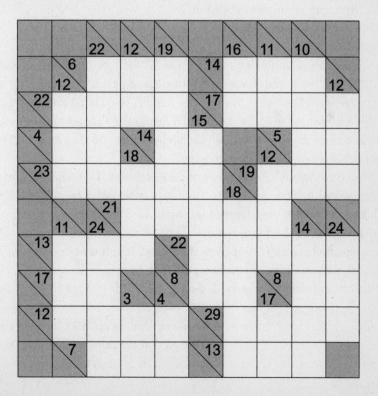

Start by considering the 3 near the bottom of the fourth column. Two white squares appear beneath it. These must be filled with a 1 and a 2, in either order (still to be determined). Pencil these in lightly in tiny digits to help you remember.

Next, consider the 4 just to the right of the 3. Two white squares appear beneath it, too. These can't be filled with two 2's, because an answer can't repeat a digit. Thus, they must contain a 1 and a 3, in some order. Pencil these in lightly.

Now consider the 7 at the start of the bottom row, with three white squares to the right of it. Only one combination of three digits adds up to 7—1, 2, and 4. The 4 can't appear in the second square, because you already found it must have a 1 or a 2; and the 4 can't appear in the third square, because you already found it must have a 1 or a 3. Thus, the 4 must go in the first square. Fill it in. Bingo! You have your first digit.

Now you're ready to fill in the digits to the right of this. As you previously found, the third square has to have a 1 or a 3, in order to add up to 4 vertically. But it can't be a 3, because there is no 3 in the addition to 7. So it must be a 1. By process of elimination, the remaining square must have a 2. Your first complete answer is filled in.

Also, by elimination, the digits above the 2 and 1 must be 1 and 3, respectively.

What digits go to the left of this 1 and 3? Well, the total for this answer is 12. The digits 1 and 3 add up to 4, so the digits in the remaining two squares must add up to 8. They can't be 1 and 7, because a 1 already appears in this answer, and they can't be 3 and 5, because a 3 already appears. Also, they can't be 4 and 4, because you can't repeat digits. So they must be 2 and 6, in either order. Pencil these in lightly.

Next consider the 17 at the start of the eighth row. Two white squares are to the right of it. These must have 8 and 9, in either order, because this is the only combination of two digits adding up to 17. Pencil these in lightly.

Now consider the 11 in the middle of the second column, with three white squares beneath it. You know the second digit must be an 8 or 9. If it were a 9, the remaining two digits would both have to be 1's, in order to add up to 11, and that isn't allowed. So the second digit must be 8, and the square to the right of it must have a 9.

The remaining two squares of the answer adding up to 11 must be 1 and 2, in either order. You already determined that the third square must be a 2 or a 6—so fill in the 2. Put a 6 to the right of it, and, by elimination, a 1 over the 8.

The rest of the corner can be completed with simple arithmetic. Voilà! One more tip and then you're on your own.

Look at the upper right corner of the grid. The squares that add up to the four Across totals (14, 17, 5, and 19) are the same as the squares that add up to the four Down totals (16, 11, 10, and 12)—with one small difference. The first square of the Across answer adding up to 19 isn't part of one of these Down answers.

These four Across totals (14, 17, 5, and 19) add up to 55, while these four Down totals (16, 11, 10, and 12) add up to 49. The difference is 6. By simple logic, the first digit of the Across answer adding up to 19 must be 6.

By using these and similar logic techniques, you can work your way around the grid, filling in the rest of the missing numbers. The complete solution is shown below.

To solve kakuro, start by looking for very low or very high totals for the number of squares. A three-square answer with a total of 6 must consist of the digits 1, 2, and 3, in some order. A four-square answer with a total of 28 must consist of either 5, 6, 8, and 9, or 4, 7, 8, and 9, in some order. The chart on the following page lists some of the most common useful combinations.

Solve with pencil, not pen, because it's useful (and occasionally necessary!) to erase. And don't guess. Every kakuro puzzle in this book can be solved using step-by-step logic.

Keep at it, and soon you'll be a kakuro master!

		2	3	1		7	6	1	
	3	8	9	2		9	5	2	1
	1	3		9	5		3	2	
	8	9	2	3	1		6	4	9
		9	4	2	1	5			
	1	5	7		4	2	1	6	9
	8	9			3	5		1	7
	2	6	1	3		7	9	5	8
		4	2	1		3	8	2	

Kakuro Combinations

Below are all the sums encountered in kakuro for which only one or two combinations of numbers will fit the bill.

2 Squares
3: 1, 2
4: 1, 3
5: 1, 4; 2, 3
6: 1, 5; 2, 4
14: 5, 9; 6, 8
15: 6, 9; 7, 8
16: 7, 9
17: 8, 9

3 Squares
6: 1, 2, 3
7: 1, 2, 4
8: 1, 2, 5; 1, 3, 4
22: 5, 8, 9; 6, 7, 9
23: 6, 8, 9
24: 7, 8, 9

4 Squares
10: 1, 2, 3, 4
11: 1, 2, 3, 5
12: 1, 2, 3, 6; 1, 2, 4, 5
28: 4, 7, 8, 9; 5, 6, 8, 9
29: 5, 7, 8, 9
30: 6, 7, 8, 9

5 Squares
15: 1, 2, 3, 4, 5
16: 1, 2, 3, 4, 6
17: 1, 2, 3, 4, 7; 1, 2, 3, 5, 6
33: 3, 6, 7, 8, 9; 4, 5, 7, 8, 9
34: 4, 6, 7, 8, 9
35: 5, 6, 7, 8, 9

6 Squares
21: 1, 2, 3, 4, 5, 6
22: 1, 2, 3, 4, 5, 7
23: 1, 2, 3, 4, 5, 8; 1, 2, 3, 4, 6, 7
37: 2, 5, 6, 7, 8, 9; 3, 4, 6, 7, 8, 9
38: 3, 5, 6, 7, 8, 9
39: 4, 5, 6, 7, 8, 9

7 Squares
28: 1, 2, 3, 4, 5, 6, 7
29: 1, 2, 3, 4, 5, 6, 8
30: 1, 2, 3, 4, 5, 6, 9; 1, 2, 3, 4, 5, 7, 8
31: 1, 2, 3, 4, 5, 7, 9; 1, 2, 3, 4, 6, 7, 8
39: 1, 3, 5, 6, 7, 8, 9; 2, 3, 4, 6, 7, 8, 9
40: 1, 4, 5, 6, 7, 8, 9; 2, 3, 5, 6, 7, 8, 9
41: 2, 4, 5, 6, 7, 8, 9
42: 3, 4, 5, 6, 7, 8, 9

8 Squares
36: 1, 2, 3, 4, 5, 6, 7, 8
37: 1, 2, 3, 4, 5, 6, 7, 9
38: 1, 2, 3, 4, 5, 6, 8, 9
39: 1, 2, 3, 4, 5, 7, 8, 9
40: 1, 2, 3, 4, 6, 7, 8, 9
41: 1, 2, 3, 5, 6, 7, 8, 9
42: 1, 2, 4, 5, 6, 7, 8, 9
43: 1, 3, 4, 5, 6, 7, 8, 9
44: 2, 3, 4, 5, 6, 7, 8, 9

9 Squares
45: 1, 2, 3, 4, 5, 6, 7, 8, 9

Light and Easy

2 Light and Easy

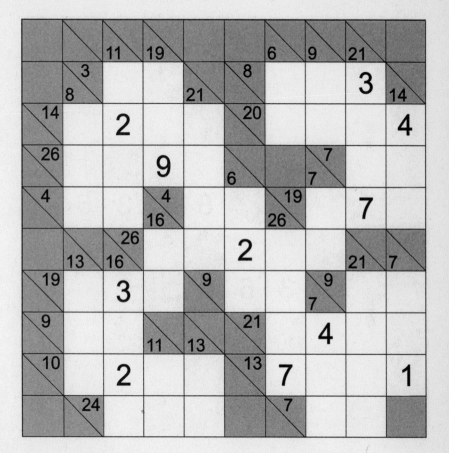

Light and Easy

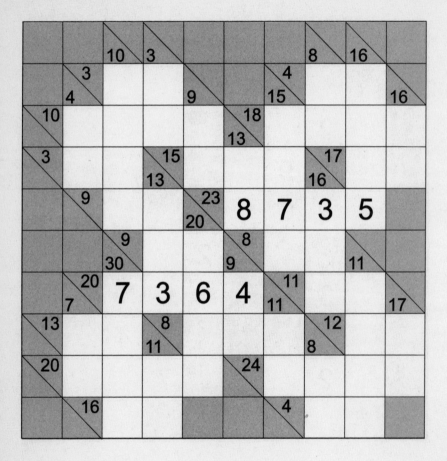

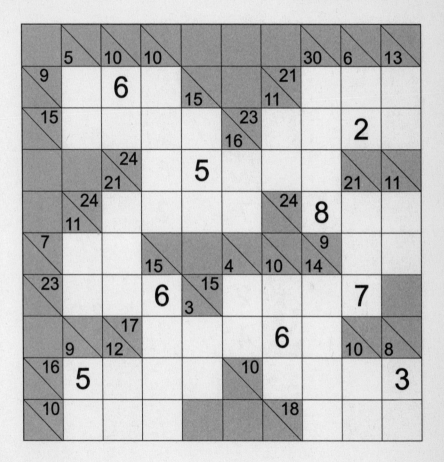

Light and Easy

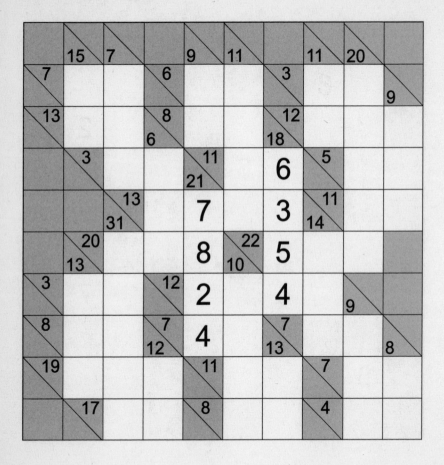

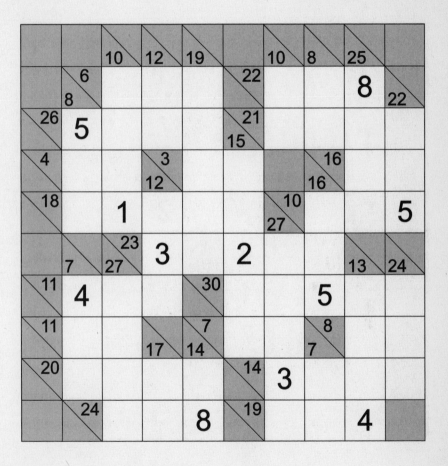

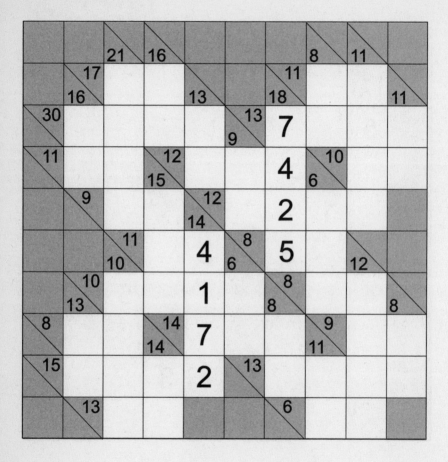

Light and Easy

9

10 Light and Easy

12 Light and Easy

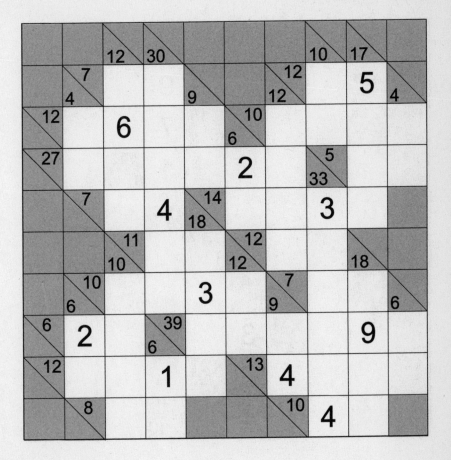

Light and Easy

16 Light and Easy

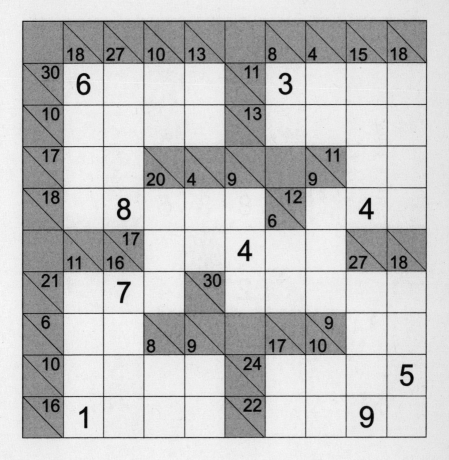

18   Light and Easy

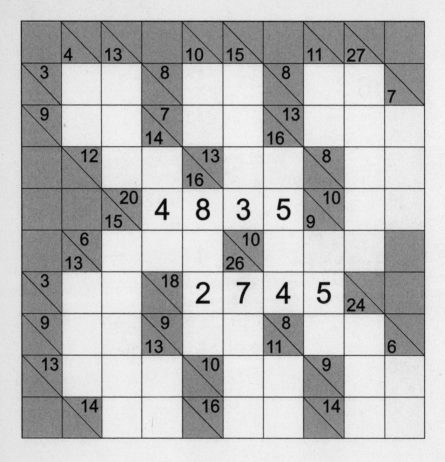

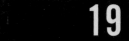

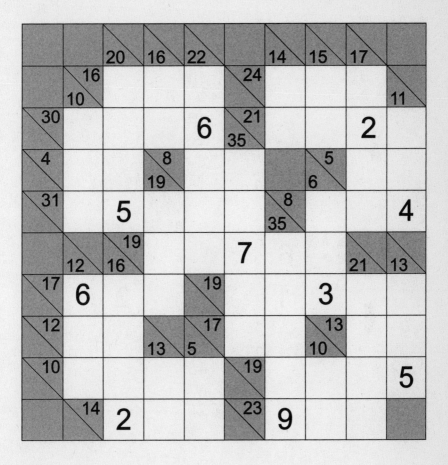

20 Light and Easy

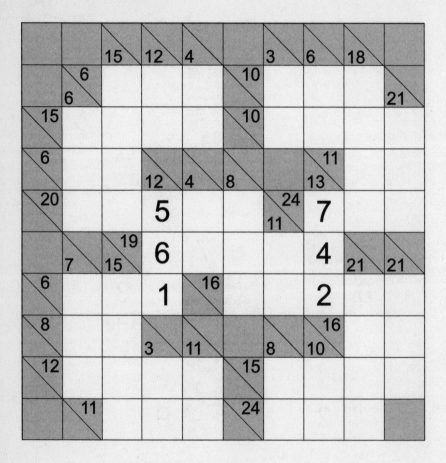

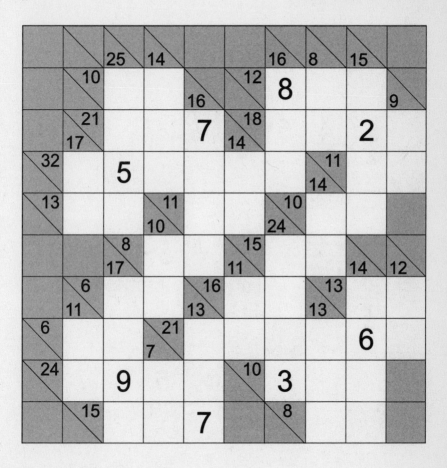

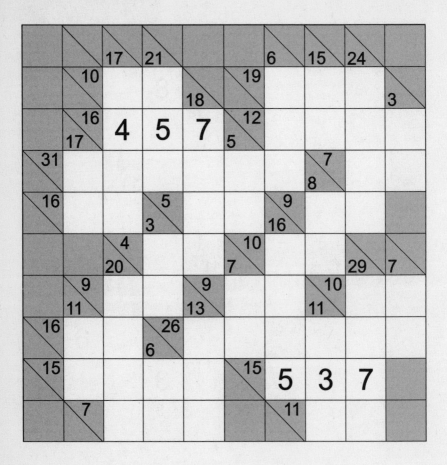

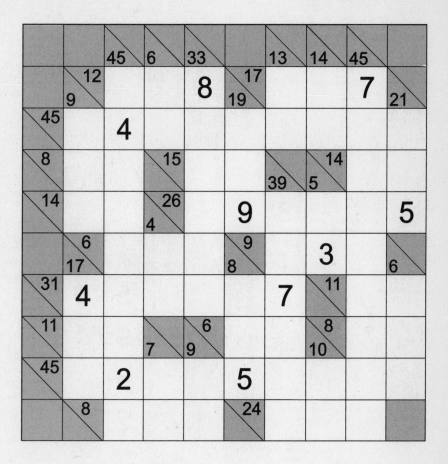

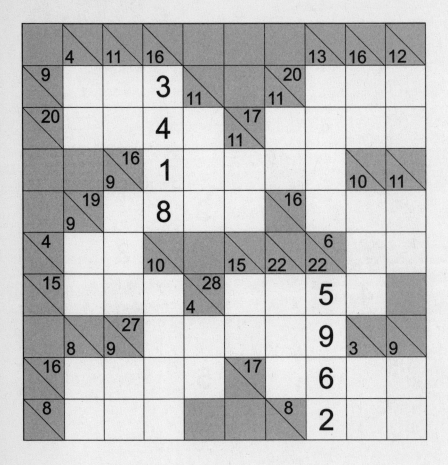

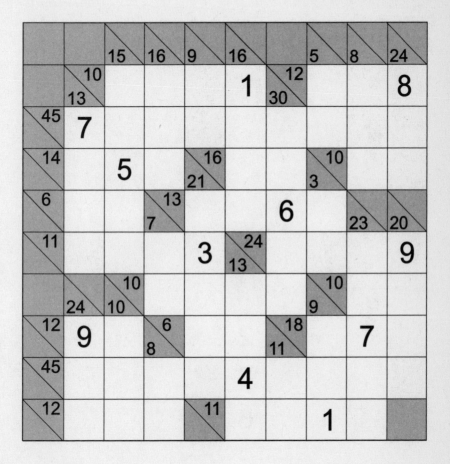

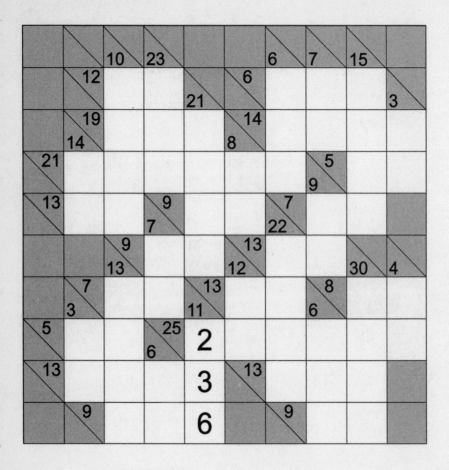

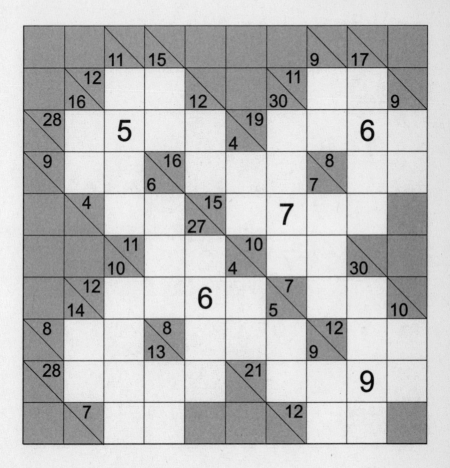

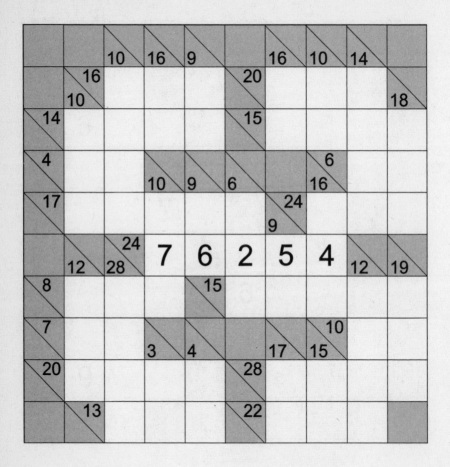

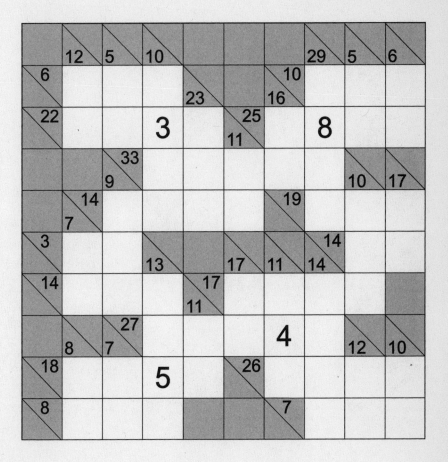

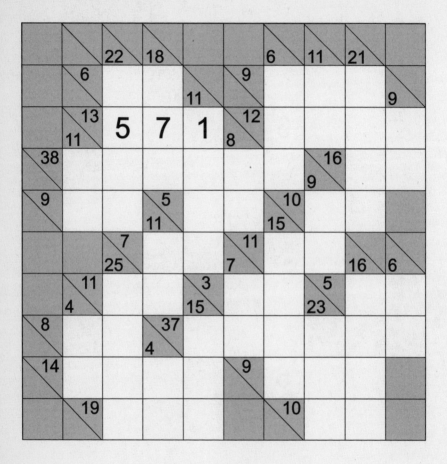

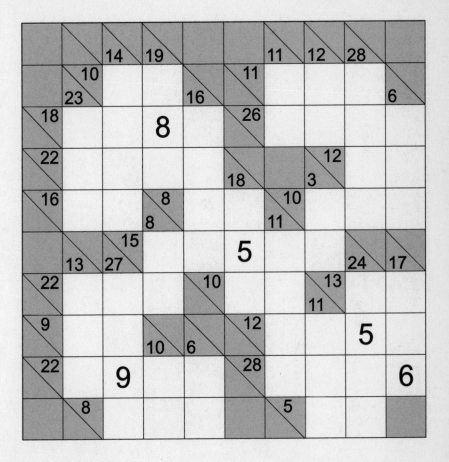

32

Moderate

34

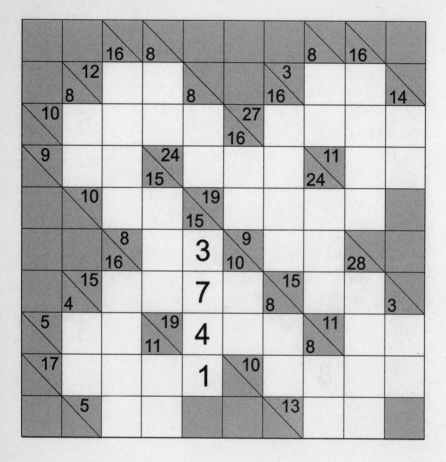

36 Moderate

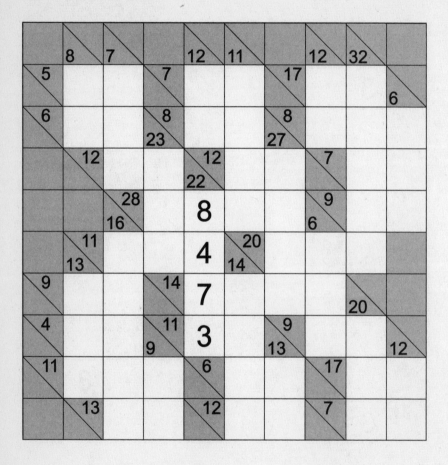

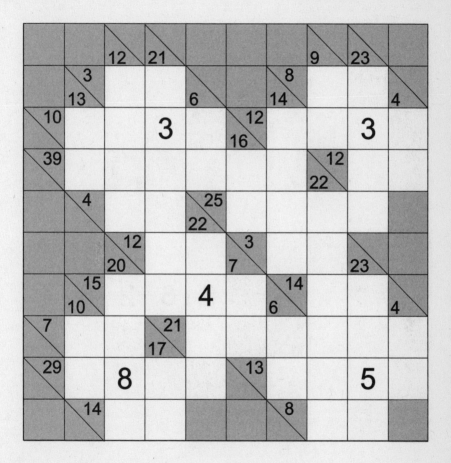

38 Moderate

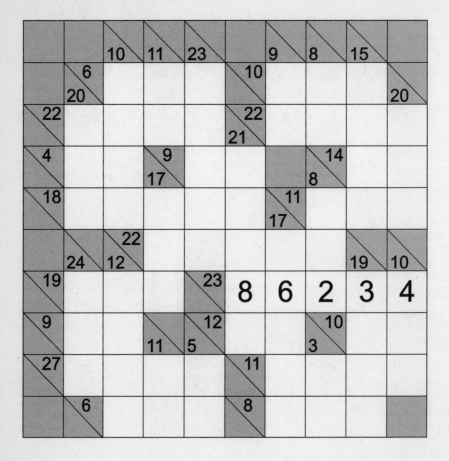

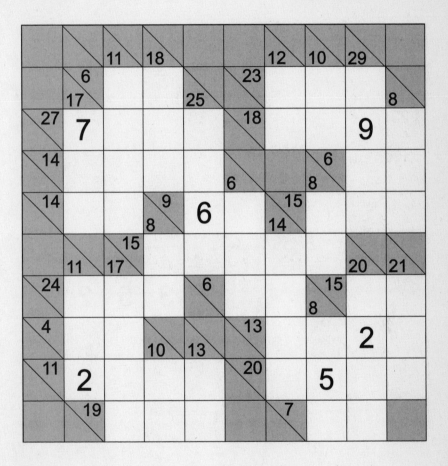

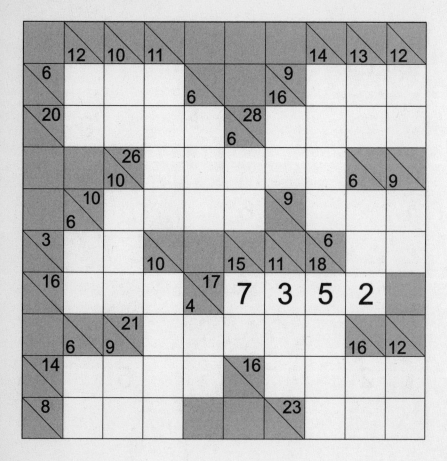

42 Moderate

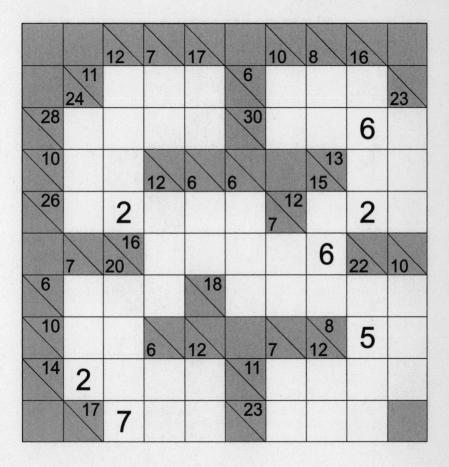

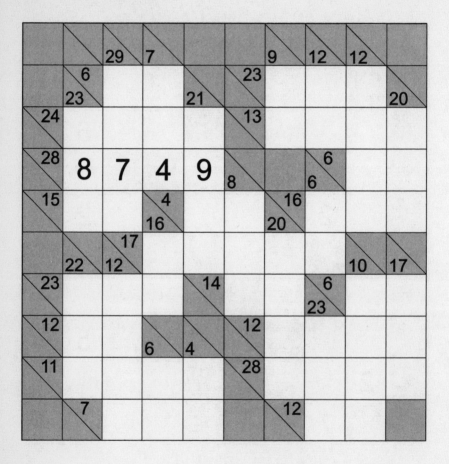

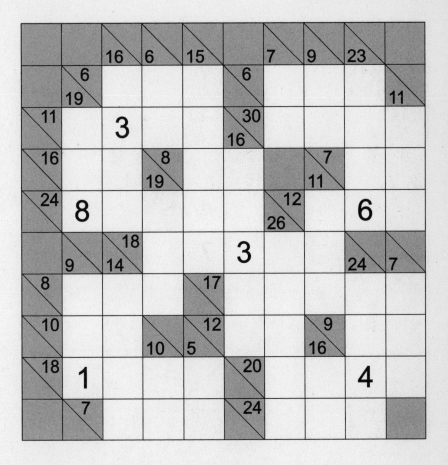

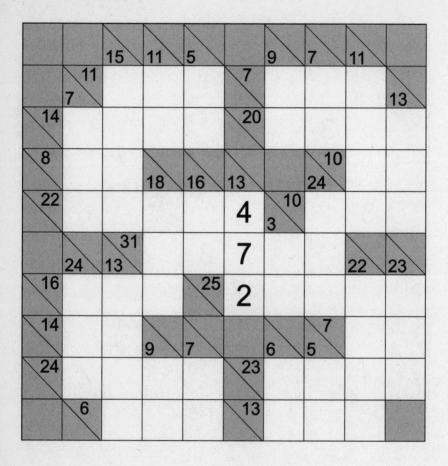

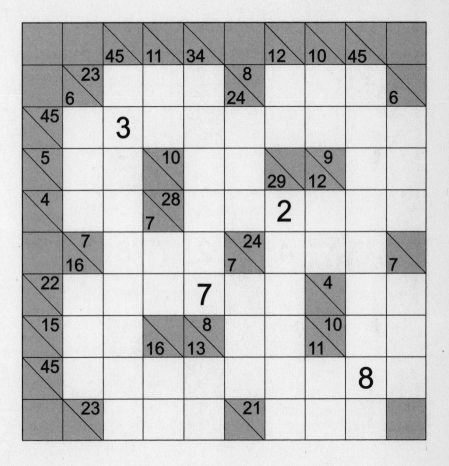

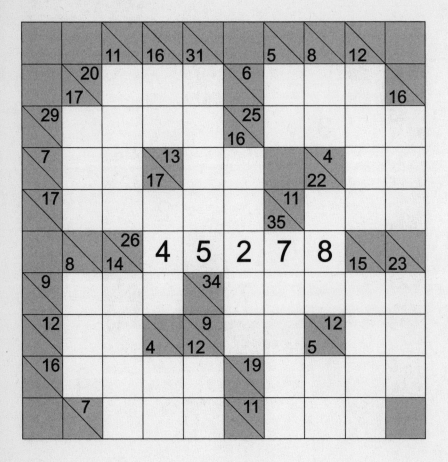

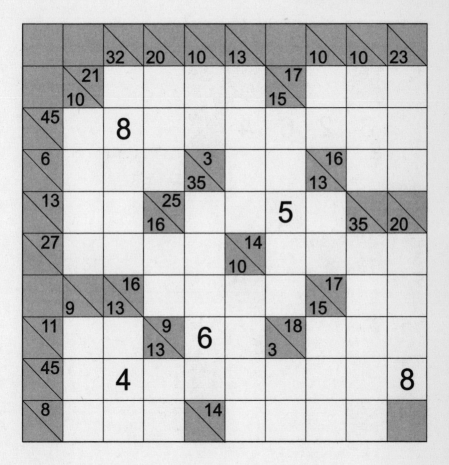

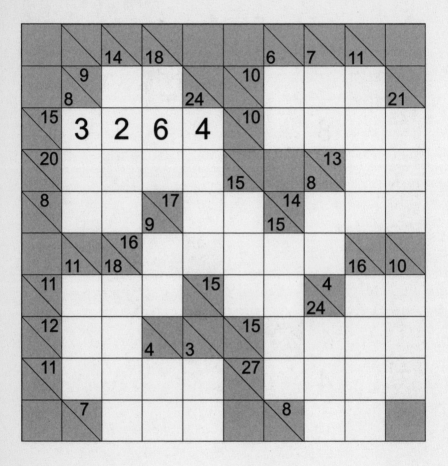

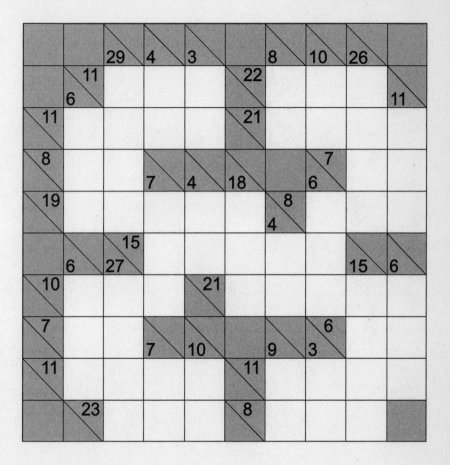

52 Demanding

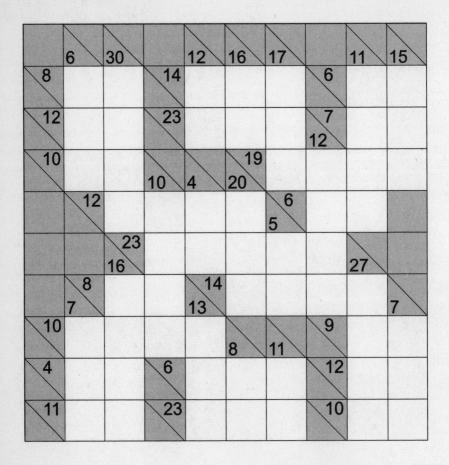

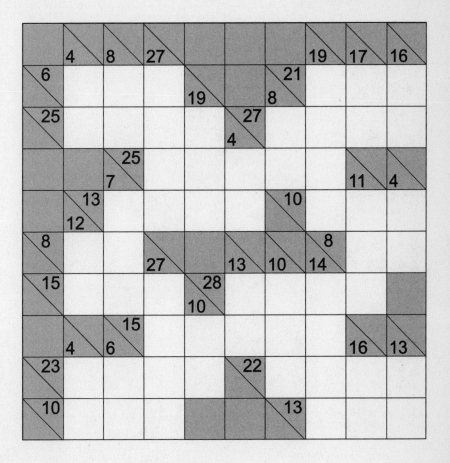

54　Demanding

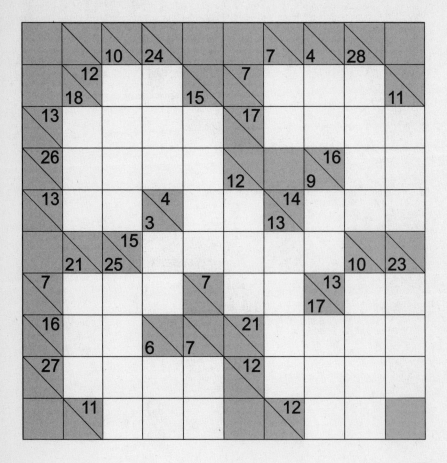

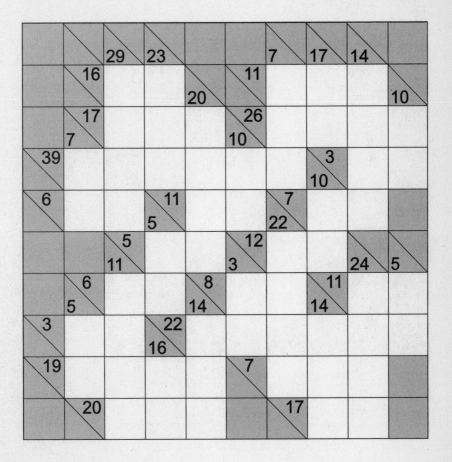

 **Demanding**

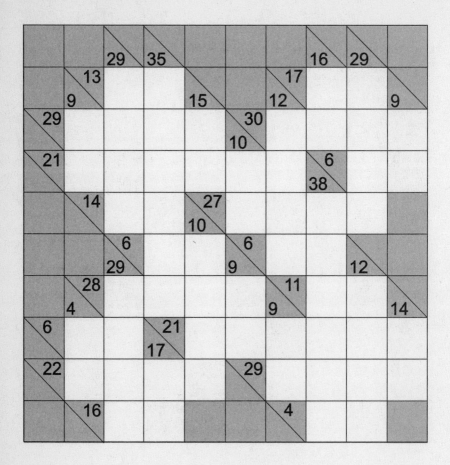

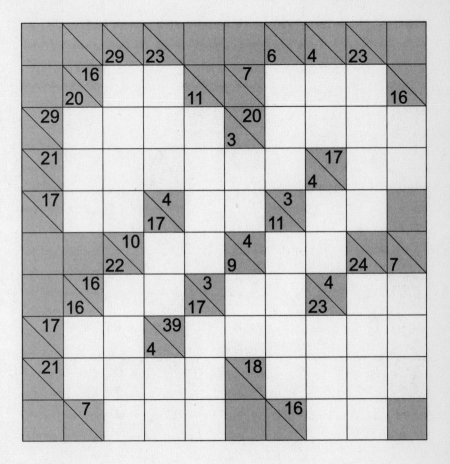

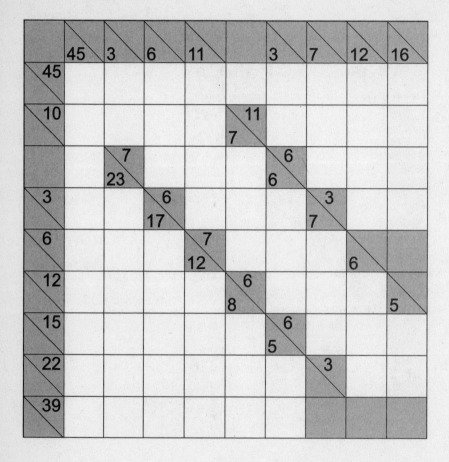

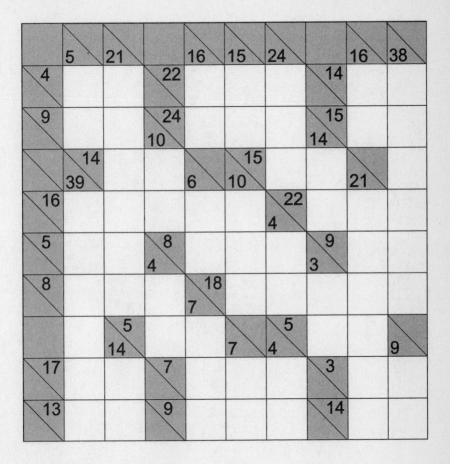

60 Demanding

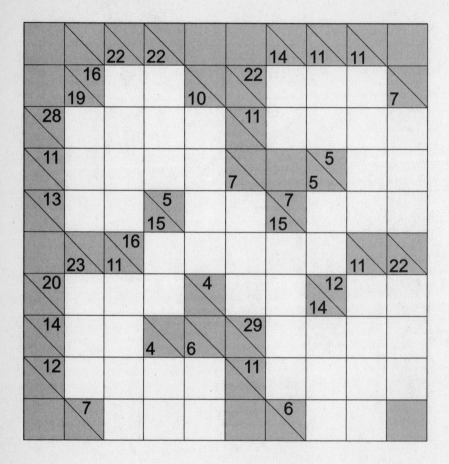

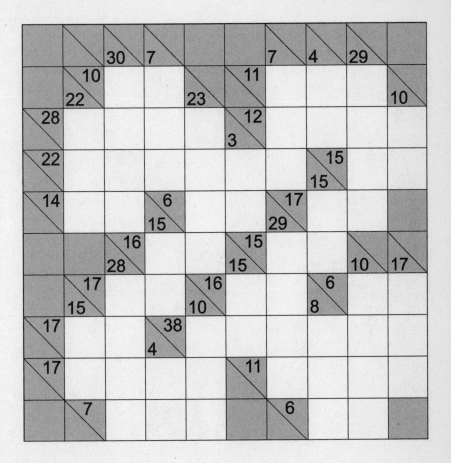

Demanding

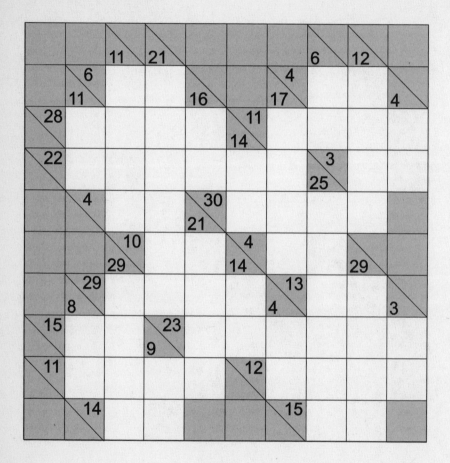

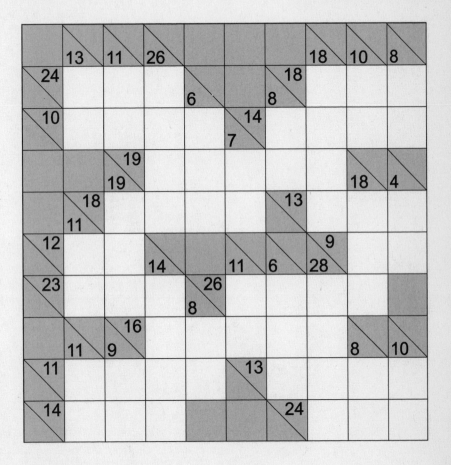

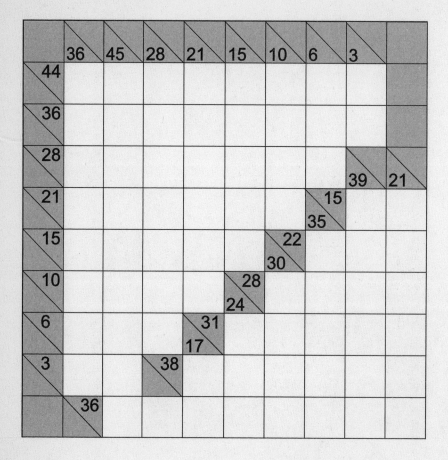

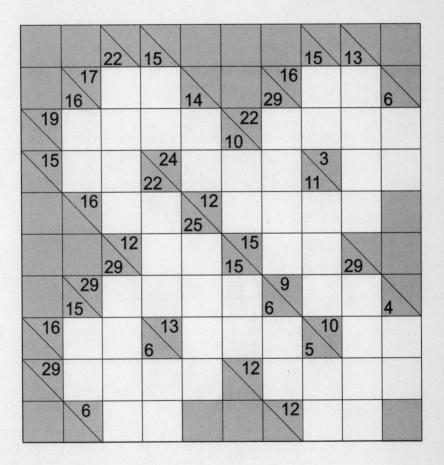

Demanding

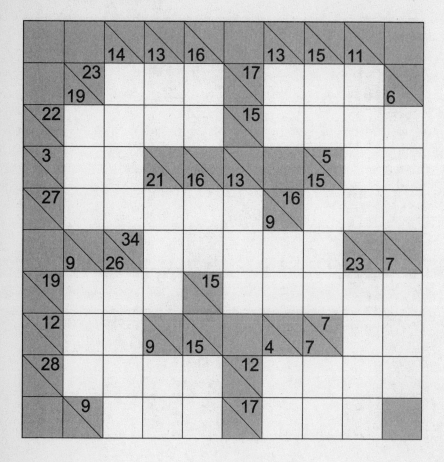

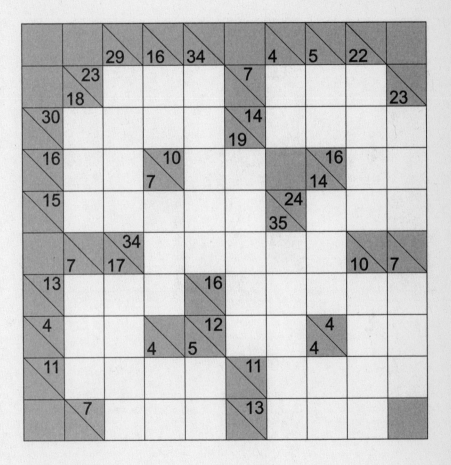

68 Demanding

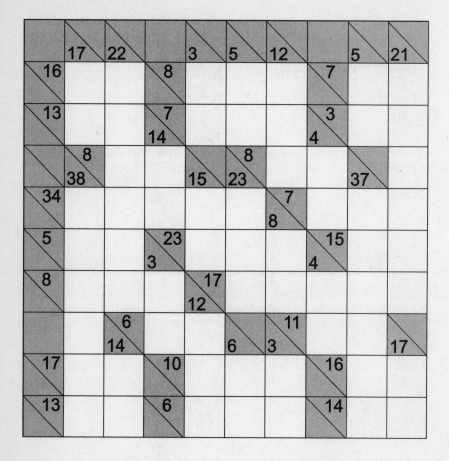

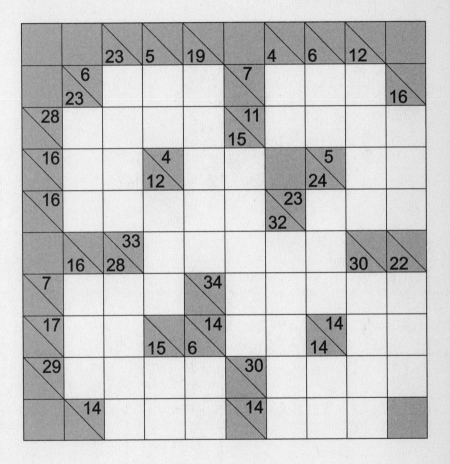

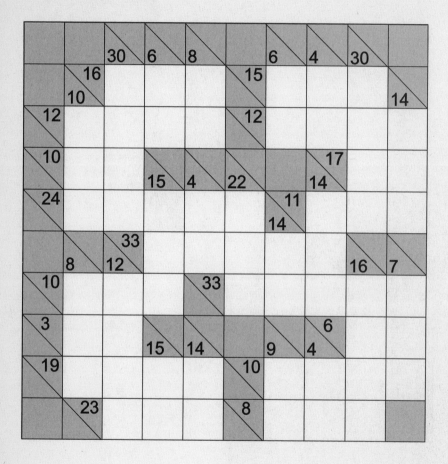

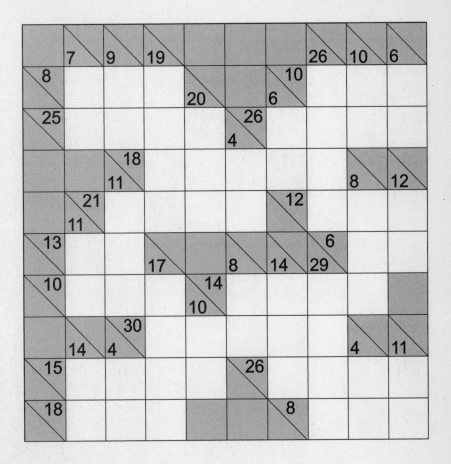

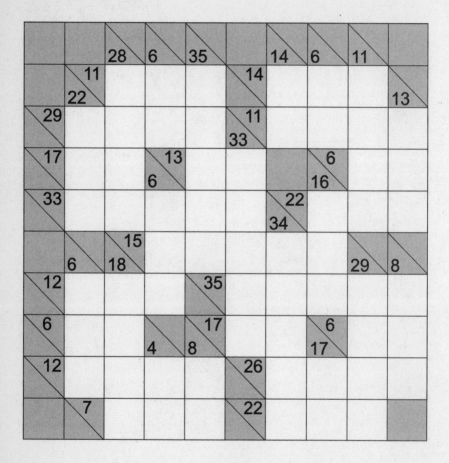

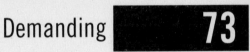

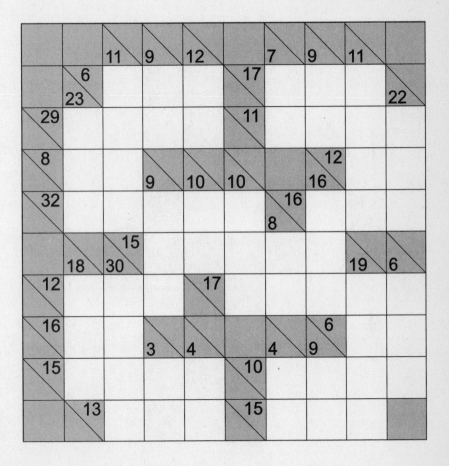

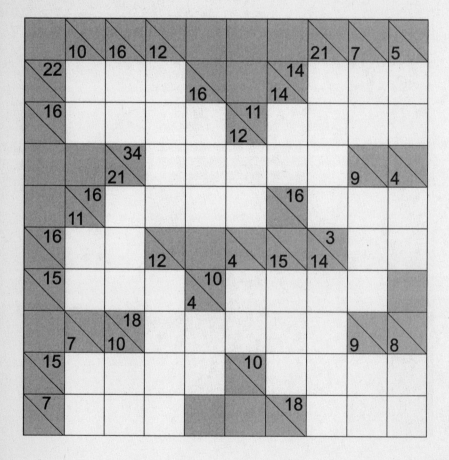

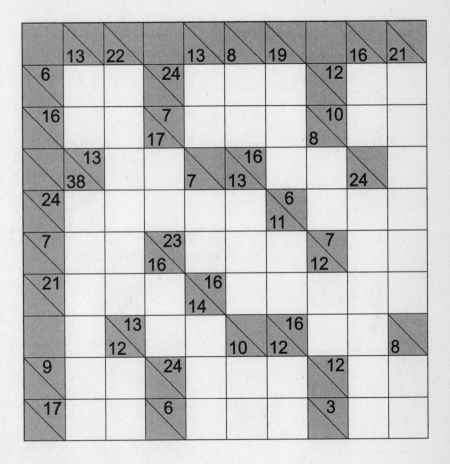

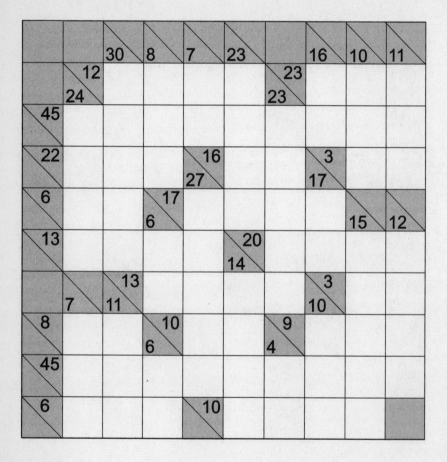

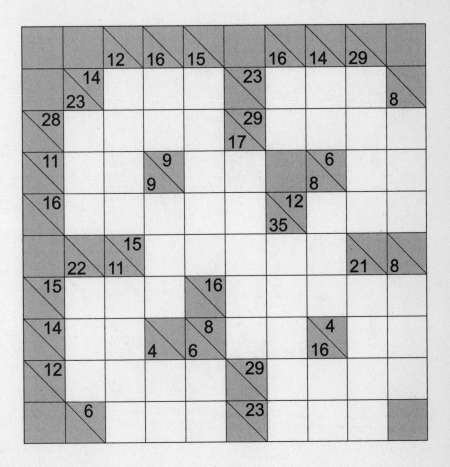

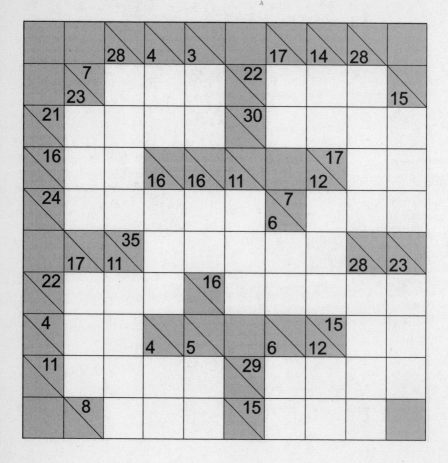

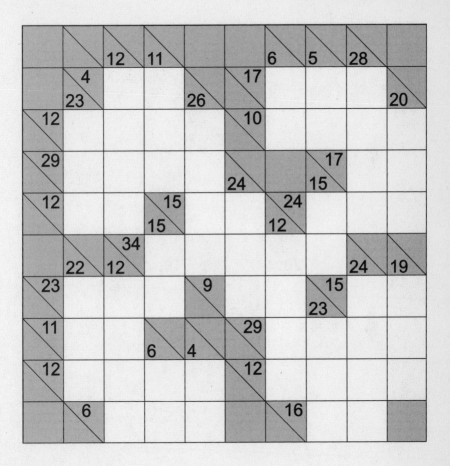

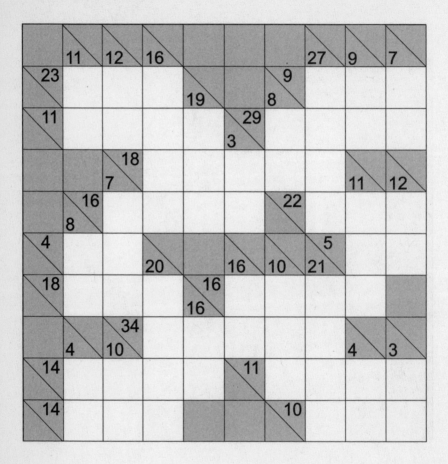

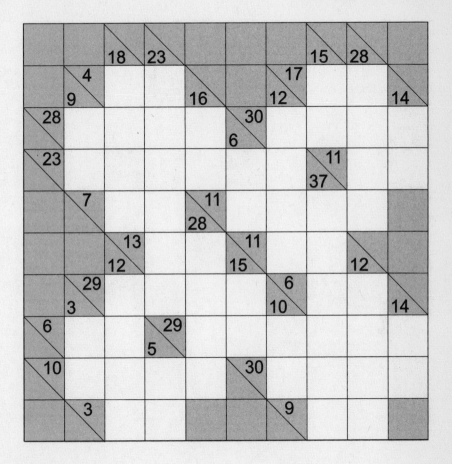

Beware! Very Challenging

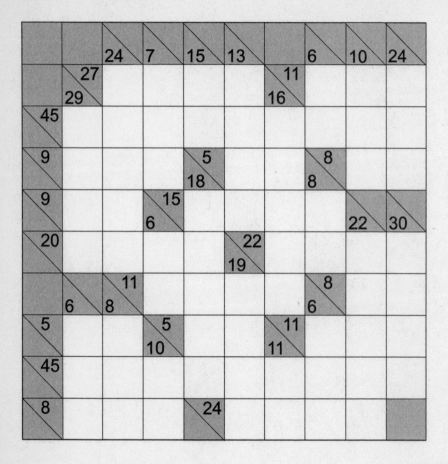

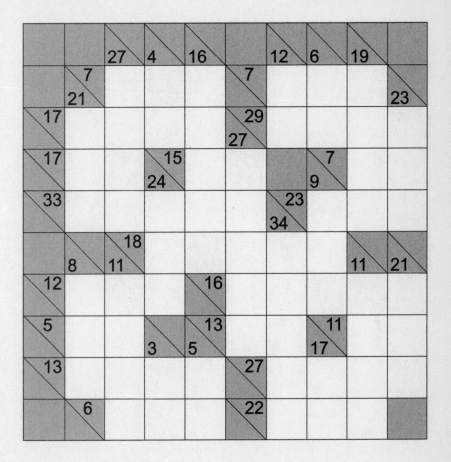

Beware! Very Challenging

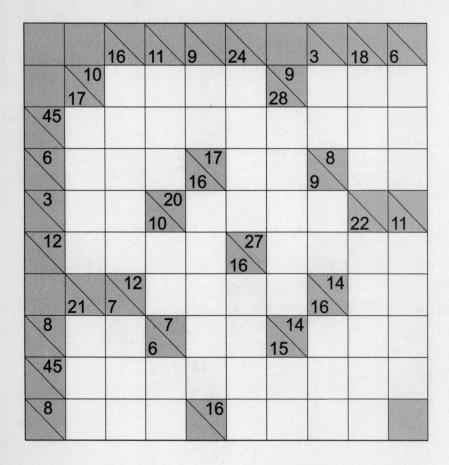

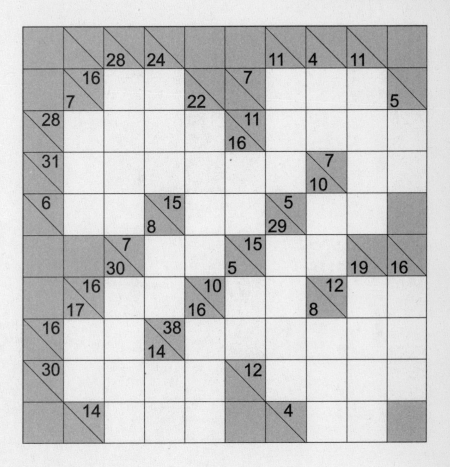

Beware! Very Challenging

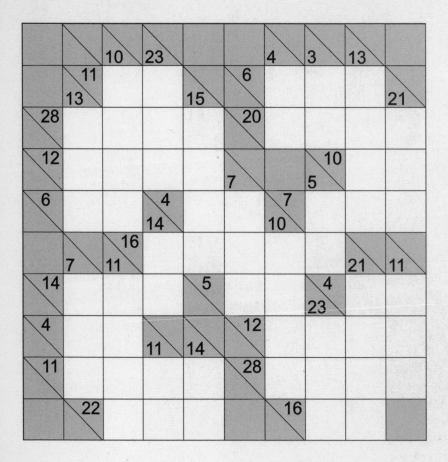

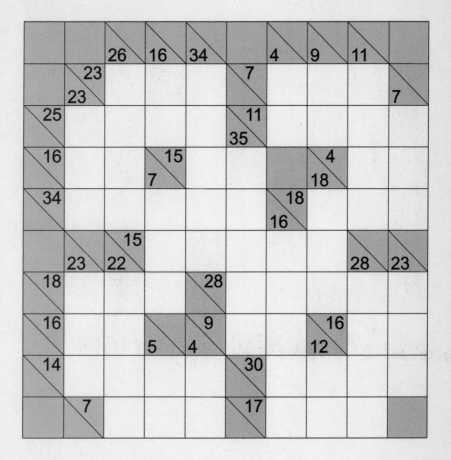

Beware! Very Challenging

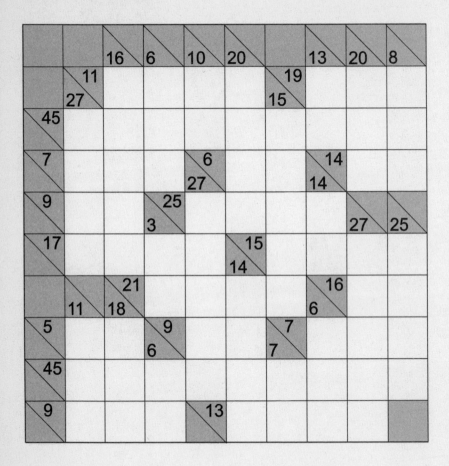

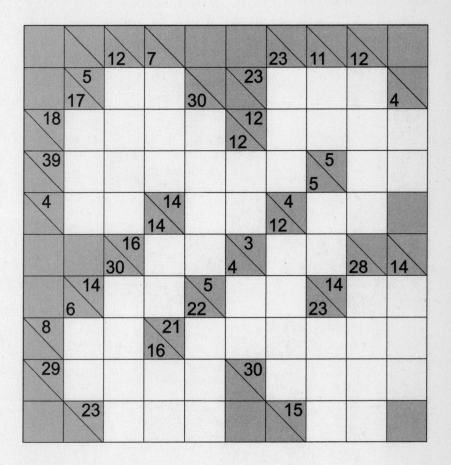

Beware! Very Challenging

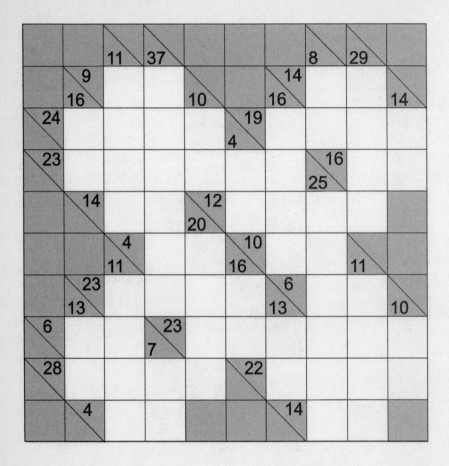

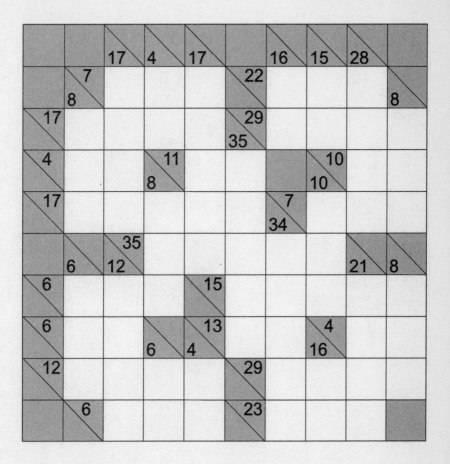

Beware! Very Challenging

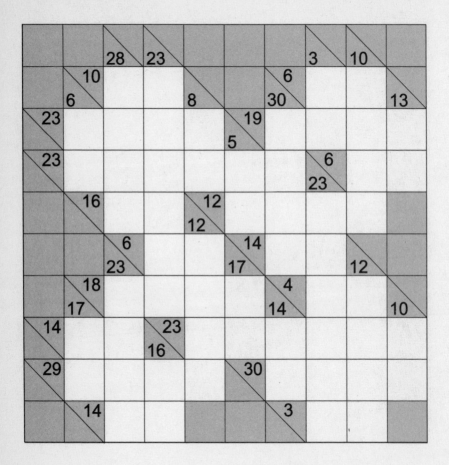

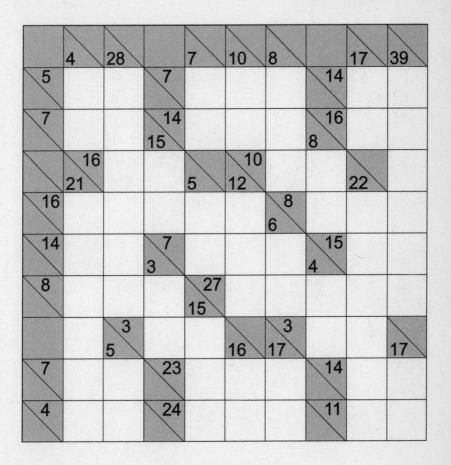

Beware! Very Challenging

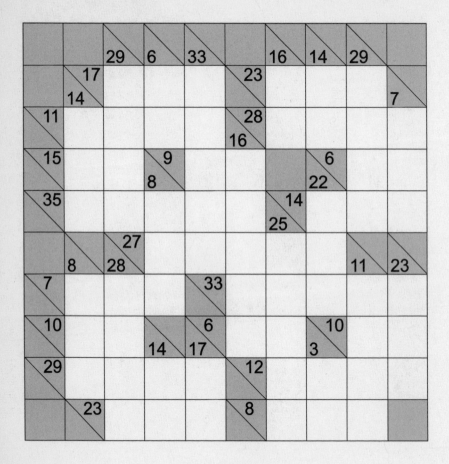

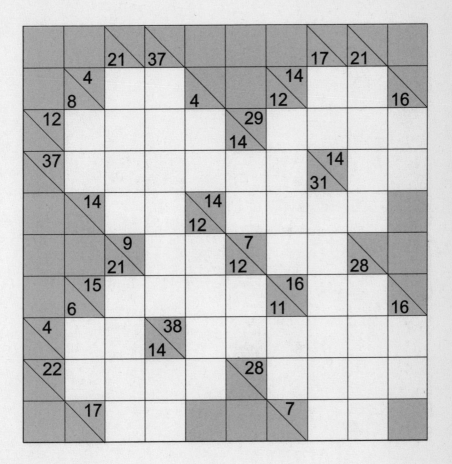

Beware! Very Challenging

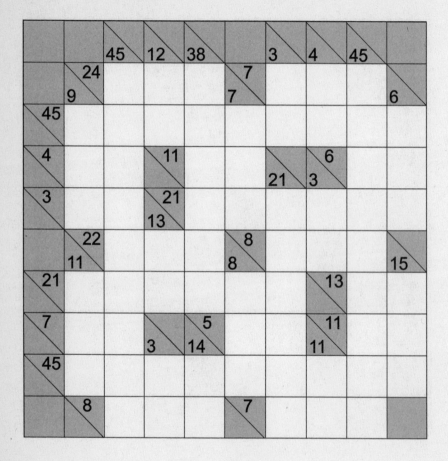

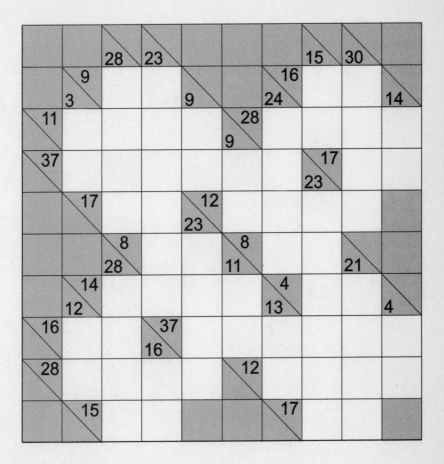

Beware! Very Challenging

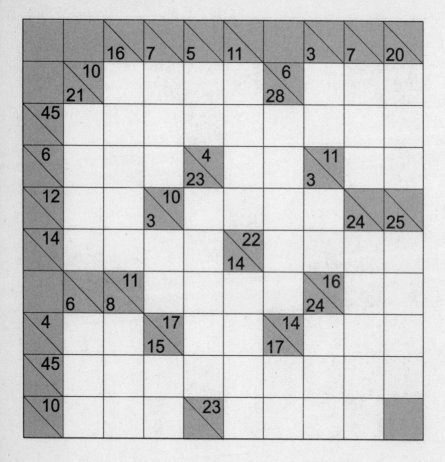

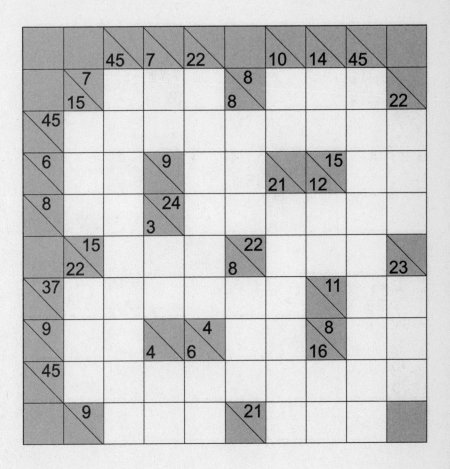

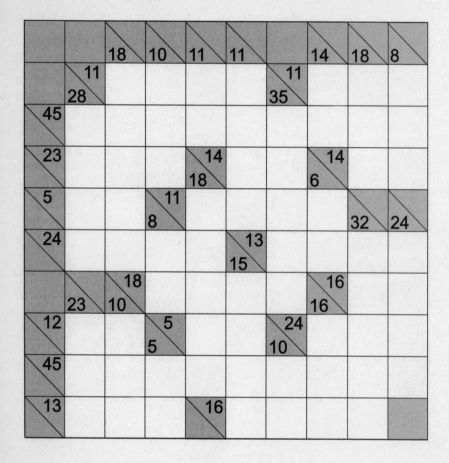

ANSWERS

1

		1	2			8	9	4	
	3	2	5	1		3	6	1	2
	2	5	6	4				2	5
	7	3		2	5		2	3	4
			4	7	9	3	8		
	4	5	2		8	6		8	9
	6	8				9	8	7	6
	3	7	4	8		5	4	2	8
		9	8	6			3	1	

2

		6	3	1		5	3	6	
	5	3	1	4		2	1	3	8
	3	1						1	9
	4	5	3	1	2		1	2	3
		8	3	1	9	2			
	6	8	9		3	8	5	9	2
	1	3						3	6
	2	4	1	3		2	6	4	5
		6	2	5		1	5	2	

3

		1	2		4	1	3		
	3	2	8	1		2	8	6	4
	4	5	9	8			5	2	
	1	3		3	1		4	7	8
		7	9	2	5	3			
	7	3	9		3	6		5	4
	5	4			8	4	7	2	
	1	2	3	4		7	2	3	1
		7	8	9		1	6		

4

		1	2			3	1		
	3	4	1	2		4	5	2	7
	1	2		7	5	3		8	9
		3	6		8	7	3	5	
		4	5		1	7			
	7	3	6	4		6	5		
	5	8		1	5	2		3	9
	2	6	4	8		9	5	2	8
		9	7			3	1		

5

	2	6	1			9	4	8	
	3	4	2	6		9	7	2	5
			4	5	7	2	6		
		8	3	4	9		8	9	7
	3	4					5	4	
	8	9	6		1	3	4	7	
		5	2	3	6	1			
	5	7	3	1		1	2	4	3
	4	5	1			7	6	5	

6

	6	1		4	2		2	1	
	9	4		5	3		9	2	1
		2	1		5	6		3	2
		2	7	1	3		5	6	
	9	3	8		5	8	9		
	1	2		2	1	4	5		
	3	5		4	3		1	6	
	9	7	3		4	7		2	5
		8	9		2	6		1	3

7

	2	3	1		9	5	8	
5	4	9	8		1	3	9	8
1	3		2	1			7	9
2	1	8	3	4		4	1	5
		3	5	2	6	7		
4	6	1		3	7	5	6	9
2	9			5	2		1	7
1	5	8	6		3	1	2	8
	7	9	8		9	6	4	

8

	8	9				6	5	
9	6	7	8		7	2	1	3
7	4		5	3	4		2	8
	3	6		6	2	1	3	
		7	4		5	3		
	3	2	1	4		2	6	
6	2		7	2	5		3	6
7	1	5	2		3	7	1	2
	4	9				4	2	

9

3	1		9	4	7		2	6
5	4		5	6	3		1	4
	2	3			6	5		3
2	3	6	1	4		7	4	5
6	9		4	9	8		1	7
4	6	3		5	1	6	8	9
5		7	1			8	9	
1	5		2	9	8		7	9
3	4		5	2	4		2	4

10

2	1	4				1	2	6
1	7	2	6		1	2	3	8
		1	3	2	4	6		
	8	3	4	1		8	9	3
8	9						2	1
5	3	6		3	4	2	8	
		3	4	7	2	1		
9	3	1	6		3	4	1	7
8	1	2			3	4	6	

11

	3	6	9		1	4	5	
4	5	1	6		6	9	7	8
2	1						3	2
3	4	2	1	5		2	6	1
		4	9	6	3	5		
4	2	5		2	1	4	3	8
3	5						8	7
2	1	4	3		1	3	5	2
		3	9	8		2	4	9

12

	1	2	7		5	9	4	
1	2	4	3		3	1	2	7
3	8		1	3			1	8
6	5	2	8	7		3	6	9
		5	2	1	3	4		
8	9	6		4	6	5	8	3
9	5			5	2		9	8
7	8	3	9		5	7	1	2
	2	1	6		4	1	2	

13

		2	5				7	5
1	6	3	2		2	3	4	1
3	1	9	7	2	5		2	3
		3	4		4	1	3	6
			7	4		4	8	
		1	2	3	4		5	2
2	4		6	8	5	7	9	4
4	2	1	5		4	6	1	2
		3	5				4	6

14

		1	7			9	8	2
	2	8	1		7	3	1	2
8	4	9	7	3	1		7	5
9	5		4	2		3	6	
			3	5		7	5	
	8	4		1	5		2	5
2	1		3	8	9	6	1	4
7	3	5	6		8	9	4	
	9	8	4			8	5	

15

3	9		2	4	1		4	2
1	7		6	7	4		1	3
2	8				3	7	2	1
		3	7	4	9		5	3
		3	5	2	6	1		
	5	6		7	4	2	9	
4	3	1	8				7	8
2	4		4	5	6		8	9
1	6		2	1	3		3	4

16

		1	3			1	4	2
6	3	2	8		7	5	3	8
3	4	1	7				7	9
1	2		9	8		3	1	2
		2	4	3	5	1		
7	9	6		6	9		9	2
2	8				8	2	5	6
1	7	6	4		6	3	4	1
	5	1	2			9	7	

17

6	7	8	9		3	1	2	5
1	3	2	4		5	3	1	4
8	9						8	3
3	8	4	1	2		2	4	6
		7	3	4	2	1		
5	7	9		3	4	6	8	9
2	4						6	3
3	2	1	4		9	6	4	5
1	3	7	5		8	4	9	1

18

1	2		7	1		3	5	
3	6		3	4		8	1	4
	5	7		7	6		7	1
		4	8	3	5		8	2
	2	3	1		1	3	6	
2	1		2	7	4	5		
5	4		5	4		1	7	
6	3	4		6	4		8	1
	5	9		9	7		9	5

19

		4	7	5		9	7	8
	7	8	9	6		5	8	2	6
1	3		3	5			4	1
2	5	9	7	8		1	3	4
		3	1	7	6	2		
6	4	7		6	5	3	4	1
5	7			9	8		6	7
1	3	4	2		7	4	3	5
	2	9	3		9	6	8	

20

	2	3	1		1	5	4	
2	1	9	3		2	1	3	4
1	5						2	9
3	7	5	1	4		7	9	8
		6	3	1	5	4		
2	3	1		3	6	2	1	4
1	7						7	9
4	1	2	5		1	2	4	8
	4	1	6		7	8	9	

21

	7	3			8	1	3	
	9	5	7		5	7	2	4
8	5	6	1	9	3		6	5
9	4		6	5		6	4	
		6	2		7	8		
	2	4		7	9		4	9
5	1		1	4	5	2	6	3
6	9	4	5		3	6	1	
	5	3	7			5	3	

22

	1	9			2	9	8	
	4	5	7		1	6	3	2
8	5	7	6	2	3		6	1
9	7		2	3		2	7	
		1	3		4	6		
	7	2		3	6		9	1
7	9		5	4	1	2	8	6
4	3	2	6		5	3	7	
	1	4	2			6	5	

23

	3	1	8		4	6	7	
3	4	5	6	2	9	8	1	7
1	7		7	8			5	9
5	9		1	9	6	2	3	5
	1	3	2		4	3	2	
4	8	1	9	2	7		8	3
5	6			1	5		6	2
8	2	6	7	5	9	3	4	1
	5	1	2		8	7	9	

24

1	5	3				3	9	8
3	6	4	7		5	1	7	4
		1	3	4	6	2		
	3	8	1	7		7	3	6
3	1						1	5
6	5	4		8	9	5	6	
		2	1	7	8	9		
7	5	1	3		5	6	2	4
1	4	3				2	1	5

25

		3	2	4	1		3	1	8
	7	1	8	5	6	3	2	4	9
	3	5	6		7	9		3	7
	2	4		4	2	6	1		
	1	2	5	3		8	2	5	9
			2	1	3	4		6	4
	9	3		5	1		5	7	6
	7	6	5	8	4	9	3	2	1
	8	1	3		5	2	1	3	

26

		3	9			2	3	1	
		2	8	9		1	4	7	2
	5	1	6	4	2	3		4	1
	9	4		3	6		4	3	
			4	5		8	5		
		4	3		8	5		7	1
	2	3		2	4	6	1	9	3
	1	5	4	3		3	2	8	
		1	2	6			3	6	

27

		3	9				7	4	
	9	5	6	8		8	2	6	3
	7	2		4	3	9		2	6
		1	3		1	7	2	5	
			2	9		6	4		
		2	1	6	3		1	6	
	5	3		4	1	3		8	4
	9	4	7	8		2	4	9	6
		1	6				5	7	

28

		2	9	5		9	8	3	
	2	1	7	4		7	2	1	5
	1	3					2	4	
	7	4	2	3	1		7	8	9
			7	6	2	5	4		
	2	5	1		3	4	5	1	2
	1	6					2	8	
	9	8	2	1		8	7	4	9
		9	1	3		9	8	5	

29

	3	1	2			7	2	1	
	9	4	3	6		9	8	3	5
			4	9	8	7	5		
		2	1	8	3		9	2	8
	2	1					5	9	
	5	6	3		9	1	4	3	
			1	9	8	4	5		
	7	4	5	2		6	3	8	9
	1	3	4				2	4	1

30

		4	2			2	6	1	
		5	7	1		1	5	4	2
	8	7	9	5	6	3		9	7
	3	6		3	2		3	7	
			5	2		5	6		
		5	6		1	2		4	1
	1	7		2	6	7	8	9	5
	3	4	1	6		1	6	2	
		9	3	7			9	1	

31

	4	6			2	5	4	
6	1	8	3		9	7	8	2
8	2	5	7				9	3
9	7		2	6		2	7	1
		3	4	5	2	1		
9	8	5		7	3		6	7
3	6				1	2	5	4
1	9	7	5		5	8	9	6
	4	3	1			1	4	

32

		5	9				7	6
2	3	6	8		8	1	2	5
5	1		7	4	3		3	1
	2	1		6	4	2	1	
		3	1		9	7		
	1	7	2	3		4	6	
8	6		6	9	2		8	3
3	2	1	4		5	8	9	4
	3	7				1	7	

33

	1	5			3	4	1	
	2	7	9		2	7	5	3
9	3	6	8	4	1		2	9
8	5		5	6		8	6	
		3	4		2	7		
	1	2		1	4		5	6
3	7		4	5	1	2	3	7
6	8	1	3		3	4	6	
	9	2	5			1	8	

34

	7	5				2	1	
2	4	3	1		5	6	7	9
6	3		7	9	8		6	5
	2	8		7	1	9	2	
		5	3		2	7		
	5	2	7	1		8	7	
1	4		4	9	6		9	2
3	6	7	1		2	3	4	1
	1	4			5	8		

35

3	4	2	1		7	9	8	4
4	9	8	5		6	5	4	3
5	7						2	1
1	8	3	2	4		1	5	2
		1	3	2	6	4		
8	9	2		1	5	2	9	8
1	7						2	7
2	4	5	3		3	7	8	1
3	5	2	1		4	2	1	3

36

3	2		5	2		9	8	
5	1		7	1		3	4	1
	4	8		3	9		5	2
		9	8	5	6		6	3
	1	6	4		8	3	9	
7	2		7	1	4	2		
1	3		3	8		1	8	
5	4	2		2	4		9	8
	6	7		3	9		3	4

37

		1	2				3	5
4	2	3	1		2	6	3	1
9	6	4	5	7	8		9	3
		3	1		9	3	7	6
			5	7		1	2	
		2	6	4	3		5	9
3	4		6	4	5	3	2	1
7	8	9	5		1	4	5	3
		6	8				1	7

38

	2	3	1		1	2	7	
9	3	8	2		8	6	1	7
3	1		8	1			5	9
8	4	1	3	2		5	2	4
		7	9	3	2	1		
7	3	9		8	6	2	3	4
8	1			7	5		9	1
9	6	8	4		3	1	2	5
	2	3	1		1	2	5	

39

		1	5		9	6	8	
7	3	9	8		3	4	9	2
1	2	4	7				5	1
9	5		6	3		3	7	5
		1	4	2	3	5		
8	9	7		1	5		7	8
1	3				4	1	2	6
2	1	3	5		2	5	6	7
	4	7	8			2	5	

40

3	2	1				1	5	3
9	8	2	1		7	4	8	9
		5	3	2	9	7		
	1	3	2	4		2	3	4
1	2						1	5
5	7	4		7	3	5	2	
		2	1	8	6	4		
2	8	1	3		2	3	7	4
4	1	3				6	9	8

41

5	9		7	8	9		7	4
1	6		8	9	7		3	6
	7	5		4	5			2
1	5	2	6	3		6	2	1
6	3		8	6	9		1	3
2	4	1		1	3	2	4	5
4		4	5			6	7	
3	1		2	3	6		9	7
9	5		1	2	3		5	3

42

9	3	5				4	1	5
4	1	2	3		7	3	2	1
		4	2	5	3	1		
	4	3	6	7		2	4	1
7	9						6	7
5	8	4		2	1	5	3	
		1	3	6	2	4		
9	1	7	8		3	6	2	1
6	8	9				9	8	7

43

	1	2	8		2	1	3	
8	6	5	9		8	7	6	9
7	3						5	8
9	2	7	5	3		4	2	6
		3	1	2	4	6		
1	3	2		1	3	5	7	2
4	6						5	3
2	4	5	3		1	3	2	5
	7	1	9		6	9	8	

44

		5	1		8	9	6	
9	8	2	5		1	3	2	7
8	7	4	9				1	5
6	9		3	1		5	3	8
		7	4	2	3	1		
8	6	9		5	9		1	5
9	3				1	6	2	3
5	1	2	3		7	8	4	9
	2	4	1			9	3	

45

	2	1	3		1	2	3	
2	3	5	1		6	7	9	8
9	7		2	6			5	2
8	4	6	5	1		5	6	1
		8	4	3	1	2		
2	1	5		2	3	4	7	1
6	4			4	8		5	4
1	7	6	4		5	9	4	2
	2	4	1		9	7	8	

46

	4	5	2		1	4	2	
4	1	6	3		8	3	5	4
1	7						3	7
2	3	6	7	4		7	1	2
		5	9	7	2	8		
8	1	7		2	1	9	5	8
9	5						1	6
7	4	8	5		5	2	7	9
	3	1	2		1	3	9	

47

	8	6	9		5	1	2	
2	3	5	6	8	7	9	4	1
1	4		3	7			7	2
3	1		8	9	2	5	1	3
	2	4	1		8	7	9	
2	5	3	7	4	1		3	1
8	7			2	6		6	4
6	9	7	5	1	3	4	8	2
	6	9	8		9	7	5	

48

	3	9	8		2	1	3	
8	5	7	9		3	7	6	9
5	2		7	6			1	3
4	1	7	2	3		5	2	4
		4	5	2	7	8		
2	1	6		4	6	9	7	8
5	7			1	8		3	9
1	4	3	8		9	3	1	6
	2	1	4		5	2	4	

49

	6	8	3	4		7	2	8
2	8	9	7	5	4	3	1	6
1	2	3		1	2		7	9
4	9		9	3	5	8		
3	7	9	8		1	5	6	2
		7	5	1	3		8	9
5	6		6	3		8	9	1
3	4	9	7	2	1	6	5	8
1	3	4		4	2	1	7	

50

	4	5			5	4	1	
3	2	6	4		1	3	2	4
4	1	7	8			5	8	
1	7		9	8		2	3	9
		4	3	1	2	6		
4	2	5		6	9		3	1
5	7				1	8	4	2
2	5	3	1		3	9	8	7
	4	1	2			7	1	

51

	8	1	2		5	9	8	
2	5	3	1		3	1	9	8
1	7						5	2
3	9	2	1	4		3	4	1
		4	3	5	1	2		
2	7	1		9	3	1	6	2
1	6						5	1
3	5	1	2		5	2	1	3
		9	6	8		4	1	3

52

1	7		4	7	3		1	5
3	9		8	9	6		3	4
2	8			8	3	2	6	
	6	2	1	3		1	5	
		1	3	9	4	6		
	5	3		8	1	2	3	
2	1	4	3				7	2
1	3		1	2	3		8	4
4	7		9	6	8		9	1

53

	1	2	3			5	9	7
3	6	9	7		7	3	8	9
		8	9	3	1	4		
	2	7	3	1		7	2	1
7	1						5	3
5	4	6		9	7	8	4	
		5	3	4	1	2		
3	4	9	7		2	3	9	8
1	2	7				1	7	5

54

	3	9			2	1	4	
2	1	7	3		5	3	8	1
7	2	8	9				9	7
9	4		1	3		4	7	3
		1	2	4	3	5		
4	1	2		5	2		4	9
9	7				7	5	1	8
8	9	4	6		1	3	2	6
	8	2	1			9	3	

55

	7	9			1	8	2	
	8	6	3		2	9	7	8
6	9	8	5	7	4		1	2
1	5		8	3		3	4	
		1	4		5	7		
	2	4		2	6		9	2
2	1		2	1	7	4	5	3
3	5	7	4		4	1	2	
	3	9	8			9	8	

56

		9	4				9	8
5	7	8	9		6	7	9	8
4	5	3	6	1	2		5	1
	8	6		9	3	8	7	
		5	1		1	5		
	8	9	4	7		9	2	
1	5		3	2	1	6	4	5
3	9	8	2		8	7	5	9
	7	9				3	1	

57

	7	9			2	1	4	
7	9	8	5		1	3	9	7
4	5	6	1	2	3		8	9
9	8		3	1		1	2	
		8	2		1	3		
	7	9		1	2		3	1
9	8		7	8	5	6	9	4
7	5	3	6		3	8	5	2
	2	1	4			9	7	

58

8	2	3	5	9	1	4	6	7
4	1	2	3		2	1	3	5
1		1	2	4		2	1	3
2	1		1	2	3		2	1
3	2	1		1	2	4		
6	3	2	1		1	2	3	
5	4	3	2	1		1	2	3
7	5	4	3	2	1		1	2
9	8	7	6	5	4			

59

	1	3		9	6	7		9	5
	4	5		7	9	8		7	8
		6	8		9	6		3	
6	4	2	1	3		8	5	9
4	1		5	2	1		3	6
5	2	1		5	3	2	1	7
8		3	2			1	4	
9	8		4	2	1		2	1
7	6		1	5	3		6	8

60

	7	9			9	8	5	
7	9	8	4		5	3	2	1
3	2	5	1				3	2
9	4		3	2		2	1	4
		6	2	4	1	3		
8	3	9		1	3		3	9
9	5			9	7	5	8	
6	1	3	2		2	3	1	5
	2	1	4			4	2	

61

		9	1			1	3	7	
9	8	4	7		2	1	5	4
5	7	2	3	1	4		9	6
8	6		4	2		9	8	
		7	9		9	6		
	9	8		9	7		1	5
9	8		7	6	8	5	3	9
6	7	3	1		5	1	2	3
	4	1	2			2	4	

62

		2	4				1	3	
8	5	6	9		2	5	1	3
3	1	2	7	5	4		2	1
	3	1		9	8	7	6	
		3	7		3	1		
	7	5	9	8		5	8	
6	9		4	6	3	2	7	1
2	5	3	1		1	4	5	2
	8	6				6	9	

63

	9	8	7			5	6	7	
4	3	2	1		7	2	4	1
		9	3	2	1	4		
	3	8	2	5		7	5	1
5	7						6	3
6	9	8		9	2	8	7	
		3	6	2	1	4		
3	5	1	2		3	7	1	2
8	4	2				9	7	8

64

	8	9	7	6	5	4	3	2	
7	8	6	5	4	3	2	1	
6	7	5	4	3	2	1		
5	6	4	3	2	1		9	6
4	5	3	2	1		9	8	5
3	4	2	1		9	8	7	4
2	3	1		9	8	7	6	1
1	2		9	8	7	6	5	3
	1	3	8	7	6	5	4	2

65

		8	9			9	7		
7	1	6	5		8	6	3	5
9	6		9	8	7		2	1
	7	9		2	5	4	1	
		8	4		9	6		
	8	5	7	9		1	8	
7	9		5	6	2		7	3
8	7	5	9		4	2	5	1
	5	1				3	9	

66

		6	8	9		9	7	1	
8	2	5	7		4	8	2	1
2	1						3	2
9	5	4	7	2		8	5	3
		8	9	7	4	6		
2	8	9		4	5	1	3	2
3	9						6	1
4	7	8	9		1	2	5	4
	2	1	6			3	5	9

67

	8	9	6		1	4	2	
6	9	7	8		3	1	4	6
9	7		9	1			7	9
3	5	1	4	2		7	9	8
		4	7	8	9	6		
4	7	2		3	6	1	2	4
1	3			5	7		3	1
2	5	3	1		5	3	1	2
	2	1	4		8	1	4	

68

9	7		1	4	3		3	4
8	5		2	1	4		2	1
	3	5			5	3		3
6	4	9	7	8		1	4	2
3	2		8	9	6		9	6
5	1	2		6	2	1	3	5
8		1	5			3	8	
9	8		4	5	1		7	9
7	6		3	1	2		6	8

69

	3	1	2		1	4	2	
8	9	4	7		3	2	1	5
9	7		3	1			3	2
6	4	3	1	2		8	6	9
		7	6	3	8	9		
1	4	2		4	6	7	8	9
8	9			5	9		9	5
7	8	9	5		7	9	6	8
	7	6	1		2	5	7	

70

	7	4	5		5	1	9	
1	6	2	3		1	3	6	2
2	8						8	9
7	9	2	1	5		1	7	3
		7	3	8	9	6		
3	1	6		9	5	7	8	4
1	2						5	1
4	3	7	5		4	3	1	2
	6	8	9		5	1	2	

71

3	1	4				7	2	1
4	8	6	7		4	9	8	5
		1	4	3	2	8		
	3	8	9	1		2	3	7
6	7						1	5
5	1	4		2	1	7	4	
		5	3	6	7	9		
5	1	2	7		6	8	3	9
9	3	6				5	1	2

72

	4	1	6		9	4	1	
7	9	5	8		5	2	3	1
	9	8		7	6		2	4
6	7	3	9	8		9	5	8
		2	5	3	4	1		
3	8	1		7	9	6	8	5
1	5			9	8		5	1
2	1	3	6		7	8	9	2
	4	1	2		6	9	7	

73

		1	2	3		4	8	5
8	5	7	9		3	1	2	5
6	2						3	9
9	3	5	8	7		7	1	8
		3	2	1	5	4		
5	6	1		2	3	5	6	1
9	7						4	2
4	8	2	1		1	4	2	3
	9	1	3		3	5	7	

74

8	9	5				5	6	3
2	7	1	6		5	3	1	2
		4	7	8	9	6		
	7	2	3	4		7	6	3
7	9						2	1
4	5	6		3	4	2	1	
		2	3	1	8	4		
5	6	3	1		3	1	4	2
2	4	1				7	5	6

75

4	2		9	7	8		7	5
9	7		4	1	2		9	1
	5	8			9	7		3
7	3	9	1	4		1	3	2
6	1		6	8	9		1	6
8	4	9		1	2	3	6	4
3		7	6			9	7	
5	4		7	8	9		5	7
9	8		1	2	3		2	1

76

	6	1	2	3		9	6	8
6	9	2	5	8	4	7	3	1
9	8	5		7	9		1	2
2	4		3	5	1	8		
7	3	2	1		7	9	3	1
		4	6	1	2		1	2
1	7		8	2		1	5	3
4	1	5	9	8	3	7	2	6
2	3	1		3	1	2	4	

77

	3	7	4		9	6	8	
8	6	9	5		7	8	9	5
9	2		2	7			5	1
6	1	2	3	4		3	7	2
		3	1	2	5	4		
8	3	4		3	6	1	4	2
9	5			1	7		3	1
5	2	1	4		9	7	8	5
	1	3	2		8	9	6	

78

	4	1	2		9	5	8	
8	9	3	1		8	9	7	6
9	7						9	8
6	8	2	7	1		2	4	1
		6	9	8	5	7		
9	5	8		2	1	3	4	6
3	1						7	8
5	2	3	1		5	7	8	9
	3	1	4		1	5	9	

79

		1	3		5	3	9	
	6	2	1	3	1	2	4	3
	9	5	7	8			8	9
	8	4		6	9	9	7	8
			7	9	8	4	6	
	9	6	8		7	2	6	9
	8	3			5	8	9	7
	5	2	4	1	1	6	2	3
		1	2	3		9	7	

80

	6	9	8			6	1	2
	5	3	1	2	7	9	8	5
		3	8	2	1	4		
	2	4	9	1		8	5	9
3	1						2	3
5	4	9		9	1	2	4	
	4	9	7	6	8			
1	4	2	7		3	5	1	2
3	6	5			6	3	1	

81

		3	1			8	9	
	8	5	6	9	6	7	8	9
	1	6	2	7	4	3	6	5
		4	3		2	1	3	5
			4	9		2	9	
		5	7	8	9		4	2
2	4		7	6	2	8	1	5
1	2	3	4		8	7	6	9
		1	2			6	3	

82

	8	4	9	6		1	2	8
8	4	2	6	1	3	5	7	9
5	3	1		4	1		1	7
7	2		8	2	4	1		
9	7	1	3		6	7	1	8
		5	1	3	2		2	6
2	3		4	1		1	3	7
1	4	6	2	8	5	3	7	9
3	1	4		7	6	2	9	

83

		4	1	2		4	1	2
	7	6	3	1	8	5	7	9
	9	8		6	9		1	6
	5	9	7	4	8	6	9	8
			8	3	2	4	1	
1	2	9		3	6	2	1	4
4	1		5	8		2	9	
3	5	1	4		7	9	3	8
		3	2	1		9	8	5

84

	4	1	2	3		1	6	2
9	6	8	7	4	1	2	5	3
1	3	2		9	8		7	1
2	1		4	8	7	1		
5	2	4	1		9	8	7	3
		6	2	1	3		9	5
7	1		3	4		9	3	2
9	4	5	6	8	7	3	2	1
5	2	1		3	8	4	1	

85

		9	7		4	1	2	
4	8	9	7		2	3	5	1
2	6	8	1	9	5		3	4
1	5		8	7		4	1	
		1	6		9	6		
	9	7		2	8		9	3
9	7		8	3	7	5	6	9
8	6	9	7		5	2	1	4
	8	5	1			1	3	

86

		2	9			1	2	3
7	4	8	9		3	1	7	9
1	3	6	2				2	8
5	1		3	1		2	4	1
		6	1	4	2	3		
4	2	8		2	3		3	1
1	3				1	6	2	3
2	1	3	5		4	8	9	7
		5	8	9		9	7	

87

		6	9	8		1	4	2
8	4	7	6		3	5	1	2
9	7		9	6			3	1
6	9	4	7	8		9	5	4
		2	4	5	3	1		
8	9	1		9	1	8	4	6
9	7			7	2		7	9
6	4	1	3		6	7	9	8
		2	4	1		4	5	8

88

	1	3	2	5		9	8	2
9	6	2	8	7	5	4	3	1
4	2	1		2	4		9	5
6	3		8	6	2	9		
8	4	2	3		1	5	3	6
		1	9	8	3		9	7
1	4		6	3		1	2	4
7	9	5	1	2	4	3	6	8
3	5	1		1	3	2	7	

89

		3	2		8	9	6	
9	2	1	6		6	2	3	1
5	6	4	8	7	9		2	3
3	1		9	5		3	1	
		9	7		1	2		
	9	5		3	2		9	5
1	7		5	1	3	6	4	2
5	8	7	9		6	9	8	7
		6	9	8			8	7

90

		2	7			6	8	
9	3	8	4		3	2	9	5
7	1	4	6	3	2		7	9
	5	9		1	4	2	5	
		3	1		7	3		
	1	6	7	9		4	2	
4	2		4	7	6	1	3	2
9	5	6	8		7	6	1	8
		3	1			9	5	

91

	2	1	4		9	6	7	
5	8	3	1		7	9	8	5
1	3		2	9			9	1
2	4	1	3	7		1	4	2
		5	7	8	9	6		
3	1	2		5	4	3	1	2
1	5			6	7		3	1
2	4	5	1		8	7	9	5
	2	1	3		6	9	8	

92

	6	4				2	4	
4	8	6	5		7	1	3	8
2	5	1	3	4	8		1	5
	9	7		1	6	3	2	
		2	4		9	5		
	4	3	2	9		1	3	
8	6		1	8	5	4	2	3
9	8	7	5		9	8	6	7
	5	9				2	1	

93

3	2		2	4	1		8	6
1	6		5	6	3		9	7
	7	9			4	6		4
4	1	6	3	2		2	1	5
6	8		2	4	1		7	8
3	4	1		6	5	3	4	9
2		2	1			1	2	
5	2		6	9	8		5	9
1	3		8	7	9		3	8

94

	7	4	6		9	6	8	
1	5	2	3		7	8	9	4
6	9		7	2			5	1
7	8	5	9	6		5	7	2
		1	8	3	6	9		
1	4	2		4	7	8	5	9
2	8			1	5		2	8
5	7	8	9		3	2	1	6
	9	6	8		4	1	3	

95

	1	3				8	6	
2	5	4	1		5	9	8	7
6	7	8	3	9	4		5	9
	8	6		5	1	6	2	
		7	2		2	5		
	2	9	1	3		7	9	
1	3		5	9	6	3	8	7
5	7	6	4		5	8	6	9
	9	8				2	5	

96

	9	7	8		2	1	4	
6	8	5	7	4	1	3	9	2
1	3		9	2			5	1
2	1		5	1	4	2	6	3
	7	9	6		5	1	2	
2	5	4	3	1	6		8	5
1	6			2	3		7	4
8	4	2	9	5	1	7	3	6
	2	1	5		2	4	1	

97

		6	3				9	7
1	5	2	3		8	6	9	5
2	8	5	6	7	9		8	9
	9	8		2	1	3	6	
		1	7		6	2		
	5	4	2	3		1	3	
7	9		6	8	9	4	7	3
5	6	9	8		4	5	2	1
	8	7				8	9	

98

	1	4	2	3		2	1	3
9	6	2	3	5	7	1	4	8
3	2	1		1	3		2	9
8	4		3	2	4	1		
1	3	2	8		9	2	4	7
		1	2	3	5		7	9
1	3		9	8		8	2	4
3	4	8	1	2	9	7	6	5
2	1	7		1	8	9	5	

99

	1	4	2		2	5	1	
6	7	3	1	2	8	9	4	5
4	2		4	5			7	8
5	3		3	1	2	4	5	9
	9	1	5		5	8	9	
9	8	2	7	5	6		3	8
5	4			1	3		2	6
8	5	3	4	2	1	7	6	9
		6	1	2		4	9	8

100

	2	1	5	3		5	4	2
8	4	3	6	2	7	9	5	1
9	8	6		5	9		9	5
4	1		3	1	5	2		
7	3	6	8		6	4	2	1
		2	1	7	8		7	9
8	4		4	1		7	9	8
9	1	3	2	5	7	4	8	6
6	5	2		2	3	5	6	